DU

VANDALISME A AUCH

A PROPOS

DES NOUVELLES RESTAURATIONS DE LA CATHÉDRALE

PAR

M. JULES SOLON

JUGE AU TRIBUNAL D'AUCH.

> A Auch, dans un diocèse administré d'une manière si éclairée par M. le cardinal d'Izoard, on avait sérieusement arrêté la démolition du jubé de l'admirable cathédrale, monument presque unique dans le Midi de la France, mais qui avait le tort d'empêcher les fidèles de jouir assez complètement de la vue de l'officiant. Et ce honteux projet n'a été arrêté que par l'intervention d'un jeune homme étranger au pays.
>
> M. DE MONTALEMBERT. 1839.

AUCH

ÉDOUARD ICARD, LIBRAIRE-ÉDITEUR

SUCCESSEUR DE BRUN

1861.

DU VANDALISME A AUCH

A PROPOS

DES NOUVELLES RESTAURATIONS DE LA CATHÉDRALE.

CHAPITRE PREMIER.

Un soir, il y a plus de vingt ans, j'avais dû à un ami de collége d'être présenté dans un salon de Paris, où se réunissaient d'habitude les hommes politiques, dont les noms retentissaient tous les jours dans les deux chambres. C'était en 1839, à l'époque des luttes parlementaires de la coalition, dont les grands souvenirs, retracés naguère dans les Mémoires de M. Guizot, n'ont pas été effacés par les événements contemporains. Je me tenais à l'écart, avide d'écouter la parole des politiques qui s'agitaient, pour la première fois, devant moi, lorsque je vis entrer un homme jeune encore sur lequel se fixèrent tous les regards. Il fut accueilli, entouré avec empressement, et, en un instant, son nom fut dans toutes les bouches. C'était le noble auteur de sainte Elizabeth de Hongrie, le chef alors avoué et reconnu du grand parti catholique, M. le comte de Montalembert. Je ne pouvais détacher mon attention de cette remarquable tête, et instinctivement je me rapprochai pour écouter. Mais, ce soir là, je fus grandement trompé dans mon attente ; dans ce salon, où il devait être parlé de politique, il ne fut question que de l'art catholique.

A cette époque, on n'entendait que très rarement à la tribune la parole de M. de Montalembert. Dans la digne vivacité du regard, dans la voix si élevée et si dédaigneuse à la fois du jeune pair de France, on pouvait facilement deviner les généreuses passions de l'orateur politique ; mais toutes ses pensées, toute son activité le portaient alors à réagir avec énergie contre le vandalisme moderne qui déshonorait par de grotesques et absurdes additions nos vieux monuments. Le vieux sol de la patrie, disait M. de Montalembert, surchargé des créations les plus merveilleuses de l'imagination et de la foi, devient chaque jour plus nu, plus uniforme, plus soumis à la ligne droite. On n'épargne rien : la hache dévastatrice atteint également les églises et les forêts [1]. On dirait une terre conquise d'où des envahisseurs barbares veulent effacer jusqu'aux dernières traces des générations qui l'ont habitée. Il ajoutait : « J'ai pour l'archi-
» tecture du moyen-âge une passion ancienne et profonde ;
» passion toujours croissante, parce que plus on étudie cet

[1] Dans le département du Gers, entre Lectoure et Fleurance, on a récemment autorisé le défrichement de la belle et importante forêt du Ramier, de près de mille hectares, située dans un pays qui manque de bois. C'était une spéculation ! L'autorisation de défricher a été pleinement accordée à l'heureux propriétaire de cette forêt qui n'est autre que M. de Lagrange, député de l'arrondissement.

» art divin de nos aïeux, plus on y découvre de beautés à » admirer, d'injures à déplorer et à venger; passion avant » tout religieuse, parce que cet art est catholique et qu'il » est la création la plus brillante de la foi que m'ont léguée » mes pères. »

J'étais, en quelque sorte, comme suspendu aux lèvres d'où s'échappaient ces belles paroles. J'écoutais M. de Montalembert faisant appel à tous les efforts individuels de ses interlocuteurs, même les plus chétifs, pour lutter contre le vandalisme moderne, qu'il divisait en vandalisme *destructeur* et vandalisme *restaurateur*. Il n'y a que la France, s'écriait-il encore, où le vandalisme règne seul et sans frein. Le moment presse pour flétrir d'une inexorable publicité tous les attentats qui ont été commis ou qui vont se commettre contre l'art religieux. « C'est une véritable douleur » pour moi, pour une âme qui veut le catholicisme dans » sa sublime et antique intégrité, le catholicisme roi de » l'imagination comme de la prière, de l'art comme de » l'intelligence, que de vous raconter ce que je viens de » recueillir dans mes récents voyages. »

Le Midi de la France, bien plus encore que le Nord, est exposé aux atteintes funestes du vandalisme.

A Poitiers, *Messieurs* du Conseil municipal ont ingénieusement fait détruire les antiques et célèbres remparts de leur ville pour les remplacer par un *joli petit mur*, à hauteur d'homme, accompagné de grilles en fer qui servent de barrières à l'octroi.

A Villeneuve-d'Agen, c'est encore mieux que cela. Aux portes de cette ville, s'élevait le château de *Pujols*, un des monuments les plus magnifiques du moyen-âge dans ce pays. Ce château, quoique dévasté à l'intérieur, avait survécu à la Révolution et était devenu la propriété de la ville. *Messieurs* du Conseil municipal ont fait vendre le château pour 1,800 francs à un entrepreneur qui l'a démoli pour en employer les matériaux aux réparations de la prison d'Eysses [1].

A Moissac, il y avait une abbaye célèbre à cause de l'extrême beauté de son église et de son cloître, monuments précieux de la transition du plein-cintre à l'ogive. La municipalité s'est emparée de ce cloître et en a fait scier les admirables colonnes une à une pour construire une halle. Plus tard, la façade de l'église, une des pages les plus curieuses que l'art mystérieux du moyen-âge ait tracée dans le Midi, parut à *M. l'adjoint au maire* avoir besoin de quelque enjolivement; il s'empressa de la faire badigeonner de haut en bas; vous ne devineriez jamais en quelle couleur? En bleu. L'intérieur était déjà, grâce aux soins de la fabrique, revêtu d'une triple parure de bleu, blanc et jaune.

[1] Aux environs d'Auch, à Castelnau-Barbarens, s'élevait autrefois un vieux château, type parfait de résidence féodale au moyen-âge. Les imposantes ruines du château et une vieille tour reposant sur un roc immense semblaient encore commander au pays. Les *hommes d'affaires* de M. le duc d'Uzès, à qui appartenaient ces précieuses murailles, et qui certainement a toujours ignoré un acte aussi inexcusable, ont mis en vente ces belles ruines, et le curé du lieu les a achetées moyennant quelques centaines de francs, pour les démolir et les employer aux réparations de son église. Le tout a fini par un procès entre la commune et les héritiers du curé.

A Agen, le curé de Notre-Dame, ancienne église des Dominicains, à deux nefs, d'un gothique sévère et pur, a dépensé 80,000 fr. pour y faire construire, à l'extrémité de chaque nef, un autel dans le genre Pompadour, avec volutes, gonflures, plus une chaire en marbre creusée dans un des murs latéraux en forme de coquetier [1].

Je prends encore au hasard quelques traits, disait avec indignation M. de Montalembert, parmi ceux que me fournit une trop triste expérience de ce qu'il faut bien nommer le vandalisme fabricien et sacerdotal. Je le fais avec courage parce que, malgré tout, c'est encore du clergé seul que peut venir le salut des chefs-d'œuvre dont il est le dépositaire. L'admirable unité et l'esprit d'ensemble qui font sa force comme corps, assureront toujours le principe de régénération et de conservation de l'art national et chrétien, lorsqu'il s'affranchira des funestes traditions du dernier siècle, des exigences des conseils de fabrique et des pitoyables projets des architectes [2].

[1] Nous ne savons ce qu'a coûté le *joli petit chœur*, dont M. le curé de Condom a doté récemment son église. Il a sacrifié à une manie déplorable d'enjolivements profanes et ridicules, en commandant à une fabrique de Toulouse ce chœur, qu'on nous assure être en carton pâte ou en stuc, avec accompagnement de chérubins en faïence. C'est ainsi que se trouve dégradée la belle église de Saint-Pierre, avec son vaisseau à une seule nef, d'une élévation prodigieuse, l'ancienne cathédrale de Bossuet!

La manière dont on a restauré l'église de Saramon est plus déplorable encore. On lui a fait subir un véritable déguisement, en la recouvrant intérieurement d'un épais badigeon relevé par des guirlandes de roses.

[2] Notons, en passant, et comme exception, deux charmantes églises qui viennent d'être édifiées dans la province d'Auch, l'église de Plaisance construite sous la

A Amiens, on a vendu trois beaux et curieux tableaux sur bois du XVIe siècle qui se trouvaient à la cathédrale, moyennant le badigeonnage d'une des chapelles. Il y en a d'autres qui servent en ce moment (1839) de portes au poulailler d'un jeune abbé! C'est dans cette même église qu'un chanoine disait, en 1837, à M. du Sommerard, en lui montrant les stalles du chœur, monument admirable d'ancienne boiserie : *Voyez ce grenier à poussière! il nous empêche d'être vus;* qui nous en débarrassera?

A Troyes, la fabrique de l'église de la Madeleine voulait absolument abattre le fameux jubé de cette église, regardé comme le plus beau de France, sous prétexte que *ce n'était plus de mode.* Il n'a été épargné qu'à la condition d'être empâté sous une épaisse couche de badigeon [1].

Enfin, à Auch, dans un diocèse administré d'une manière si éclairée par M. le cardinal d'Izoard, on avait sérieusement arrêté la démolition du jubé de l'admirable cathédrale, monument presque unique dans le Midi de la France, mais qui avait le tort d'empêcher les fidèles de jouir assez complètement de la vue de l'officiant. Et ce honteux projet n'a été arrêté que par l'intervention d'un jeune homme étranger au pays [2].

direction de M. Durand, et la chapelle du cimetière d'Auch, remarquable sous le double rapport de l'élégance des détails et de la pureté du style, élevée sur les plans de M. Francou, architecte de la ville.

[1] Arnaud. Antiquités de Troyes, 1837.

[2] *Du Vandalisme et du Catholicisme dans l'art,* par M. le comte de Montalembert, Paris, Débécourt, 1839. Tous les faits signalés plus haut sont textuellement reproduits dans cet ouvrage.

« Aidez-moi, Messieurs, pour arrêter le cours de ces dégradations qui s'effectuent sous nos yeux. Il faut pour empêcher le mal que chaque ami de l'histoire et de l'art national tienne note de ses découvertes en fait de vandalisme, et qu'il les soumette ensuite avec persévérance et courage au jugement du public. »

Le projet signalé comme honteux, en 1839, par M. de Montalembert, vient d'être mis à exécution, en 1860, « *au grand esbahissement public.* » Le beau jubé de Notre-Dame d'Auch a été tout entier abattu. Il ne reste plus rien de l'œuvre de Gervais Drouët, et grâce aux plans de MM. les architectes, le revers occidental du chœur a été revêtu de boiseries *confectionnées* à Paris, pour remplacer les statues du sculpteur et tailleur de pierre du XVIIe siècle. On a dépensé 150,000 fr. pour accompagner ces ornements : 1° d'un avant-chœur, commandé aussi à l'industrie parisienne, afin de procurer complètement aux fidèles la vue des officiants; 2° d'un orgue d'accompagnement; 3° et d'un Calvaire monumental, proprement doré selon le goût du jour! Il est inutile d'ajouter que les plans de MM. les architectes ont reçu une approbation officielle et les pompeux éloges de la presse locale et préfectorale.

La cathédrale d'Auch avait échappé au vandalisme révolutionnaire. On avait respecté, en 1793, les nefs, le jubé, les chapelles, les magnifiques boiseries du chœur. De cette funeste époque, il n'était resté sur notre basilique d'autres traces que quelques légères mutilations et quelques grattages d'armoiries. Le Christ en bois bronzé, qui couronnait la galerie du jubé, avait seul été descendu et brûlé sur la place de l'Hôtel-de-Ville. Pour bien faire, il y avait à replacer, sur le même couronnement, ce glorieux signe de la rédemption du genre humain. On a voulu autre chose, et il a été permis aux architectes, en plein dix-neuvième siècle, de démolir le beau livre de pierre édifié deux siècles auparavant, à l'entrée du chœur de la cathédrale, par le *sculpteur du roy, maître Gervais Drouët.*

On chercherait vainement les motifs qui ont pu conseiller et autoriser cet acte de vandalisme.

Est-ce parce qu'il n'y avait pas accord de style entre le jubé et les ornements qui pouvaient l'environner ? Mais notre cathédrale, comme presque toutes les basiliques, ne porte pas l'empreinte d'une seule époque. Gervais Drouët avait conçu et terminé son œuvre, belle inspiration de la pensée chrétienne, de 1665 à 1671, c'est-à-dire, dans un siècle où la grande période ogivale était complètement expirée. « *Sera toute l'architecture suivant l'ordre de Corinthe*, » portaient expressément les conditions mises à son entreprise. A cette même époque, Jehan Caillon, maître architecte de la cathédrale, après avoir terminé le porche à triple arcade archivoltée, conçue par Beaujeu, mettait la dernière main aux grandes tours à base carrée, avec pilastres, colonnes, et fronton triangulaire, dans le style fleuri de la renaissance.

Est-ce encore par imitation et parce que le jubé de la

cathédrale d'Amiens a été détruit, pour laisser pénétrer une plus grande lumière dans le chœur, en 1755, dans un siècle où les architectes décorateurs portaient aussi une main sacrilége sur le chœur de Notre-Dame de Chartres? Non, certainement. Ces vandales ont été flétris depuis longtemps, et leur invasion dans nos antiques cathédrales a été aussi funeste que celle des barbares. Le jubé de Sainte-Marie d'Auch était en état d'homogénéité avec les autres parties de l'édifice, avec les développements successifs imprimés à son architecture par les XVIe et XVIIe siècles. Sa destruction est un acte honteux de vandalisme.

D'ailleurs, dans son œuvre, et malgré le style corinthien, Gervais Drouët, qui avait une âme d'artiste, avait obéi à la symbolique tracée par le moyen-âge, à cette religieuse consécration du voile jeté par l'art chrétien, depuis le XIIIe siècle, en avant du chœur des grandes basiliques. On ne songeait pas, dans ces temps de foi, à appeler sur les cérémonies religieuses l'éclat du grand jour. Selon une belle expression, le jubé était le voile abaissé entre notre faiblesse et la majesté d'un sacrifice où la victime est un Dieu.

La manie des innovations avait souvent menacé de destruction le jubé de Notre-Dame d'Auch, et toujours l'opinion publique avait fait reculer le marteau prêt à frapper. Je n'en veux pour preuve que le passage suivant de l'excellente monographie de Sainte-Marie, publiée en 1850, par M. l'abbé Canéto, aujourd'hui vicaire-général. Je cite textuellement :

« A Auch, il a été souvent question de faire disparaître
» le jubé, afin de mettre le chœur en libre communication
» avec la grande nef. Mais l'exécution de ce projet a tou-
» jours présenté de si graves difficultés, qu'à diverses
» époques on les a heureusement regardées comme inso-
» lubles. Dans le Chapitre même s'est, d'ailleurs, perpétuée
» une forte opposition qu'un vénérable chanoine, dont le
» nom seul est un juste éloge, a vigoureusement soutenue
» jusqu'à sa mort (1). Il disait, à ce propos, que le jour
» où il verrait mettre la main à l'œuvre, il soulèverait
» la multitude et mettrait, lui-même, la ville d'Auch en
» révolution.

» C'est que, dans les années de son exil pour la défense
» de la foi, il avait dû souvent rendre hommage au respect
» dont l'église anglicane, malgré son hétérodoxie, a toujours
» environné les primitives dispositions adoptées par le
» catholicisme dans les anciennes basiliques. Le jubé se
» trouve, en effet, encore en regard de la grande nef dans
» la plupart des églises d'Angleterre. Aussi le spirituel
» vieillard, transporté d'une sainte indignation à la suite
» d'une lutte plus animée, sans doute, qu'à l'ordinaire,
» termina-t-il, un jour, le débat par une chaleureuse
» improvisation qu'il résuma dans la strophe suivante :

» Sortez de vos tombeaux, Pontifes vénérables,
» Dont le zèle créa ces pieux monuments.

1 M. l'abbé Darré, décédé en 1833.

» D'anathèmes frappez ces projets trop coupables ,
» Vos chefs-d'œuvre sont faits pour voir la fin des temps. »

Il n'est plus temps de frapper d'anathème ces projets trop coupables. Le jubé a été abattu sans autre opposition que celle du bon sens public. Tout a été consommé ! Mais nous avons, nous autres catholiques, un droit imprescriptible , celui de demander compte des *enjolivements* que l'on a fait subir à une cathédrale épargnée par le temps et par les barbares. Il nous faut, pour bien prier , notre vieille basilique, telle que la foi si féconde et la piété si ingénieuse de nos aïeux l'a conçue et créée.

A première vue , en entrant dans la cathédrale, on était saisi par l'harmonie parfaite , par la régularité de distribution des trois nefs , du transsept, du chevet et des chapelles latérales. Le transsept se détachant des grandes lignes des trois nefs donnait à l'édifice la forme symbolique de la croix, de cette croix allongée que reproduit le plan de toutes les églises anciennes. C'est le symbole de la rédemption, comme la triplicité perpétuelle des portails , des nefs et des autels est le symbole de la Trinité divine.

Aujourd'hui, cette heureuse combinaison n'existe plus. Les deux branches de la croix formée par le transsept sont coupées à l'inter-transsept par un avant-chœur superposé, étagé à deux rangs de stalles, avec autel au milieu d'*une blancheur à nulle autre parcille* et qui ne remplira jamais la destination qu'on a voulu lui donner. Il n'est plus permis de montrer avec orgueil le parfait ensemble résultant de l'aspect général de Sainte-Marie. Le plan de la croix, les grandes lignes des trois nefs sont brisés par un *avant-chœur* qui ne sera jamais en harmonie avec les autres parties de l'édifice et avec son symbolisme caché sous son vêtement de pierre.

C'est à côté d'un chœur admirable de conservation et d'antique boiserie, splendide chef-d'œuvre de l'art chrétien, que l'on a placé cet assemblage de sculptures sur chêne moderne auquel on a donné le nom d'*avant-chœur*. Ce serait une profanation, si ce n'était pas un ridicule contre-sens. Où pourrait-on trouver, en France, une seule cathédrale dotée d'un semblable ornement ; ce n'est pas à Chartres, à Amiens, à Rheims, à Bourges. On a choisi Auch pour mettre l'*avant-chœur* à la mode, contrairement aux plus ingénieuses dispositions qui avaient déterminé le moyen-âge à fermer le chœur des grandes cathédrales.

Ce n'est pas tout encore. L'élévation de cet avant-chœur au-dessus de l'inter-transsept ne le laissait plus en communication, de plain-pied, avec l'ancien chœur. Aussi, sans crainte d'altérer la vue d'ensemble des richesses répandues à profusion sur toutes ces magnifiques boiseries, on a jugé utile d'exhausser le sol du chœur et de l'orner d'un pavé en mosaïque remplaçant les dalles de dure pierre dont la sévérité était en harmonie avec l'ensemble qui l'entourait. Est-il encore, nous le demandons, une seule église où de semblables ornements aient été placés ? A Saint-Pierre de Rome, les principaux autels sont ornés de superbes mosaïques exécutées d'après les tableaux originaux du Vatican, la Transfiguration, de Raphaël, la dernière communion de saint Jérôme, du Dominiquin.. .; mais, en Italie, on ne s'est jamais avisé de paver les églises en mosaïque. Ce genre de décoration qui peut seulement convenir à une salle à manger, aurait dû être banni du chœur de Sainte-Marie d'Auch. Le bon goût de MM. les architectes en a décidé autrement !

Pour orner dignement l'entrée de l'ancien chœur, il a fallu encore tous les efforts d'imagination et d'invention de M. l'architecte officiel, venu tout exprès de Paris, pour présider à des restaurations qui laisseront sur notre cathédrale des traces d'un anachronisme irréparable. Le beau jubé condamné à une sauvage destruction a été remplacé par un orgue d'accompagnement, enchassé dans un buffet sculpté suivant le style du jour, c'est-à-dire, dans le *genre flamboyant du* XIXe *siècle*. C'est le *meuble* qui se trouve mis en relief et exposé à la même place où Gervais Drouët avait posé son Christ en bois bronzé, brûlé pendant la révolution. Grâce à des plans approuvés en haut lieu, la démolition du jubé qui devait mettre l'ancien chœur en libre communication avec la grande nef, a eu simplement pour résultat de procurer aux fidèles *la vue de face* d'un orgue d'accompagnement, et *la vue de profil* de M. l'organiste promenant ses doigts sur les touches du clavier de ce trop maigre instrument.

Ce n'est pas le seul déplorable résultat d'une innovation

dont il nous sera permis de demander compte à M. l'architecte officiel. Comme tous ceux qui entrent dans la cathédrale, il n'a sans doute pas remarqué qu'en pénétrant dans la grande nef, et en portant ses regards au-dessus de l'ancien jubé, on se trouve en face de la chapelle terminale du chevet, où le vitrail reproduit la grande scène du calvaire. Au-dessus du Christ mort sur la croix, s'épanouissent en larges festons les magnifiques couleurs d'une fleur de lys dont les contours largement tréflés s'unissent à la voûte de l'ogive. Cette vue d'ensemble saisissait la pensée du chrétien, dès son entrée dans le temple. Il n'en est plus ainsi aujourd'hui, et c'est un orgue d'accompagnement qui frappe la vue en entrant dans la grande nef; il semble avoir été placé là pour rendre invisible la partie supérieure de la chapelle qui termine le chevet et pour cacher tout ce qui pouvait rappeler des siècles de foi et d'enthousiasme religieux.

Après avoir ainsi tout sacrifié, dans les prétendues restaurations de Notre-Dame d'Auch, à la manie des enjolivements modernes, on a cependant essayé de rester fidèle aux traditions symboliques et religieuses du moyen-âge. Mais quel essai malheureux! C'est après coup (on nous l'assure du moins) que l'on a songé à placer, au-dessus du chœur et en face de la nef centrale, un calvaire monumental. Il va de soi que cette œuvre d'art improvisée sur les plans d'un architecte décorateur a été demandée à l'industrie de Paris qui s'est empressée de livrer *une croix de jubé* dont il serait difficile de trouver ailleurs un autre modèle. Pour élever cette croix au-dessus du buffet de l'orgue d'accompagnement, on a imaginé un système d'étagères sur lesquelles reposent des anges, aux ailes déployées, portant les instruments de la Passion et qui, à cette hauteur, ressemblent à des figurines de cire. Au-dessous de l'Homme-Dieu immolé sur la croix, ont été placées les deux statuettes de Marie et Jean qui y figurent dans les mêmes proportions rétrécies. Les anneaux d'une chaîne de fer doré (selon le procédé Ruolz probablement) se détachent du sommet de la croix pour aller s'attacher à la voûte supérieure. Voilà l'étrange ornementation de ce Calvaire, du signe sacré de la Rédemption placé là contre toutes les règles de l'art chrétien.

On ne s'est pas contenté de défigurer par ces additions notre antique et belle cathédrale ; le marteau démolisseur a frappé quelques parties de l'édifice restées intactes jusqu'à ce jour. Les anciennes portes latérales ont subi une transformation ; elles ont été parées de tambours en chêne surmontés de petites tourelles imitant le genre gothique, exécutés à Paris et expédiés ici pour être mis en place. Mais les dimensions n'avaient pas été exactement prises. Or, il est arrivé qu'en appliquant le tambour destiné à la porte latérale du sud, on a rencontré des deux côtés des Culs de lampe admirablement conservés et d'une délicatesse de sculptures telle, que les plus belles églises gothiques du nord de la France auraient envié ces chefs-d'œuvre à notre cathédrale. Il suffisait de donner aux ouvriers l'ordre bien simple de réduire le tambour neuf, venu de Paris, pour l'appliquer contre le mur intérieur. Mais l'architecte tenait essentiellement à cette œuvre nouvelle! En conséquence il a prescrit de démolir les deux extrémités de ces Culs de lampe exquis qui gênaient l'application du tambour. Aveugle et à jamais regrettable dégradation ! Les Goths eux-mêmes n'en faisaient pas tant. Il nous souvient d'avoir appris au collége, dans un cours d'histoire, que leur roi Théodoric avait rendu un décret ordonnant à ses soldats vainqueurs de respecter tous les monuments anciens et religieux de l'Italie conquise.

Nous ne dirons pas un mot de plus sur ces actes de vandalisme, pour arriver à une conclusion nette et catégorique. Nous demandons et nous ne cesserons de demander : 1° que le transsept de Sainte-Marie d'Auch soit débarrassé au plutôt d'un avant-chœur informe qui y a été placé contre toutes les règles de l'art catholique ; 2° que l'orgue d'accompagnement soit descendu du piédestal où il est élevé pour être relégué ailleurs, et que le même sort soit fait aussi au Calvaire doré que l'on a décoré du nom de monumental.

CHAPITRE II.

Les monuments ecclésiastiques d'Auch sont assurément les plus nombreux et les plus précieux de tous ceux que la foi des derniers siècles a légués à notre ville. Il nous reste à signaler les sacriléges transformations que l'on a fait subir à ces édifices anciens et à quels déplorables usages sont consacrés ces débris sacrés de l'art religieux.

L'église des Cordeliers, bâtie dans le style de la Renaissance, par les Frères mineurs de l'ordre de Saint-François, établis à Auch en 1255, se trouve située au centre de la nouvelle ville. C'est à peine si, en passant, on jette un regard attristé sur cette façade délabrée, sur ces vieilles pierres qui ont été autrefois l'asile de la science et de la prière.

Cette chapelle a été complètement dépouillée depuis la révolution et transformée en magasin de fourrages. Ceux qui sont assez heureux pour y pénétrer par la protection de quelque botteleur de foin peuvent encore admirer l'élévation et la hardiesse de la voûte, les belles proportions d'une vaste nef, mais voilà tout. Le cloître attenant qui était d'un caractère excellent, avec des arcades en ogive tréflées du xve siècle, a été à-peu-près abattu. Pour séparer le cloître du magasin de fourrages, on a muré les portes et les croisées, enlevé les pendentifs, défoncé les colonnettes. Le cloître, en un mot, a été profané. Statues, bas-reliefs, chapiteaux, pierres tombales, épitaphes, inscriptions pieuses, rien n'a été épargné! Quelle est la ville où on est exposé à rencontrer des dévastations aussi sacriléges?

La bibliothèque de la ville a été transférée, depuis plusieurs années, dans l'ancienne église du couvent des religieuses Carmélites. Ici nous mettons le pied sur le trop vaste domaine des autorités locales et municipales. En 1792, le couvent et l'église avaient été convertis en prisons; les bâtiments du couvent ont été vendus, et l'église seule a conservée. Il y avait deux partis à prendre : ou restituer au culte catholique une belle église qui doit dater des commencements du XVIIe siècle (c'est le parti que nous aurions conseillé), ou la conserver, en la restaurant avec intelligence, pour y placer un musée, ainsi que cela a été fait à Toulouse pour l'antique église des Augustins. Les plans d'un architecte ont prévalu sur cette simple idée de préservation. La nef a été divisée, coupée en deux étages. On ne distingue plus qu'à grand-peine les voûtes supérieures qui étaient d'un style parfait. Il est fort heureux que les larges dimensions de la nef aient permis d'y placer les rayons de la bibliothèque et que le bibliothécaire n'ait pas suivi l'exemple de celui d'Amiens qui, il y a quelques années, trouvant que les manuscrits in-folio que renfermait la bibliothèque, ne pouvaient pas entrer dans les rayons, crut que le meilleur parti était de les réduire, en les rognant, à la hauteur nécessaire. L'étage du rez-de-chaussée de la bibliothèque d'Auch où, pendant deux siècles, de saintes femmes se sont agenouillées pour prier, a été destiné à servir de magasin de planches, de réceptacle pour tout ce qui ne peut pas être placé ailleurs. Ce n'est pas tout encore ; on a senti le besoin de toucher à la façade. M. l'architecte l'a ornée des armoiries de la ville et d'un balcon en pierre blanche destiné à supporter les pots de fleur de M. le concierge, le tout badigeonné proprement et dans le dernier goût !

Il y a une église qui, par ses délicieuses proportions et son ancienneté, est, à Auch, l'unique de sa date et de son style ; c'est la chapelle du *Prieuré* dont la construction remonte, au moins, au XIVe siècle. On assure qu'elle est condamnée par sentence de l'administration des ponts et chaussées et qu'elle sera bientôt démolie ! Est-ce possible, et aurons-nous la douleur de voir s'accomplir, sous nos yeux, cet acte de vandalisme destructeur ? Ne suffit-il pas de s'élever avec énergie contre un pareil projet pour empêcher cette sacrilége exécution !

Le redressement des routes et l'alignement des rues sont, assurément, d'utiles choses. Mais les ingénieurs et les architectes ne doivent-ils pas être arrêtés dans leur omnipotence (et il n'y a pas d'omnipotence en face du bon sens public), par la pensée d'enlever au pays qu'ils veulent servir, un de ces monuments qui donnent à une localité ce caractère spécial qui ne peut pas plus être remplacé par les produits de leur invention qu'un *nom* ne peut l'être par un *chiffre*. Le nouveau quai Saint-Pierre constitue, nous le reconnaissons, une voie de communication facile et utile pour la ville d'Auch ; mais, dans l'exécution, on a tout sacrifié à l'amour de la ligne droite qui caractérise d'une manière si monotone les travaux d'art et de viabilité modernes. Si, à la sortie du Pont de la Treille, le prolongement du quai eût été porté un peu plus à gauche, de manière à ne pas produire une ligne absolument droite, il nous semble humblement que l'on eût trouvé une compensation suffisante dans la conservation de la précieuse Église du Prieuré qui, bien que souillée tous les jours en dehors de son délicieux chevet, est à Auch, nous le répétons, unique par sa date et par son style ogival. Voilà où en est dans le génie civil le mépris des monuments historiques et religieux, par amour des funestes alignements. Peu importe, en vérité, que l'Église du Prieuré soit depuis dix ans une *borne à immondices* !.... On a planté sur nos routes des mûriers stériles par centaines de mille [1], et il n'y a pas eu un centime à donner pour préserver d'outrages indicibles, de mutilations quotidiennes, une charmante église !

Ce sont là les délaissements déplorables auxquels sont condamnés ces monuments du passé. Il faut encore nous

[1] Sous l'administration de M. le préfet Féart.

armer de courage pour réagir contre des abus plus récents, accomplis sous les yeux du conseil des bâtiments et des inspecteurs généraux des monuments publics.

Le palais de l'archevêché d'Auch a été restauré et agrandi en 1857. Il sera bientôt remis en possession de ses anciennes dépendances occupées par le palais de justice actuel. Une partie de ces bâtiments doit être démolie ; l'aile du sud sera conservée et contribuera encore à l'agrandissement du palais archiépiscopal.

Cette prochaine adjonction , depuis longtemps réclamée, permettait de conserver la Chambre civile du tribunal qui est l'ancienne chapelle des archevêques d'Auch. Elle est intacte et dans un état de conservation tel qu'il y a seulement à la débarrasser d'une épaisse couche de badigeon dont on a empâté ses riches boiseries. Le grand escalier d'honneur de l'ancien palais conduit à cette chapelle qui devait simplement être rendue à sa primitive destination.

Un autre projet a prévalu. L'architecte a imaginé, proposé et fait adopter un plan qui a eu pour résultat de transformer une *cuisine souterraine* en chapelle définitive ! A la chapelle de l'ancien palais des archevêques, heureusement située , s'élevant dans de belles proportions à côté du chevet de la cathédrale , on a préféré une chapelle souterraine. Pourquoi n'ajouterions-nous pas que cette transformation s'est accomplie dans le prétendu *genre composite du* XIXe *siècle* imitant le roman, le gothique, le dorien, c'est-à-dire, dans un style qui reste encore sans nom.

Le dégagement extérieur de la cathédrale d'Auch a été décidé en principe.

Ici encore, dans l'adoption de ce projet, on s'est bien gardé de prévoir les difficultés insurmontables qui en suspendront forcément l'exécution, après la démolition des anciennes sacristies et surtout des bâtiments du palais de justice qui le mettaient en communication avec les prisons aujourd'hui détruites. La déclivité du sol est telle, en cet endroit, que la solidité de la cathédrale, dans la courbe de l'apside, peut être fatalement compromise par des démolitions imprudentes.

Mais, en 1857, on avait hâte de ne se préoccuper d'aucune difficulté, de présenter vite et de faire adopter plus vite encore des plans qui devaient procurer à la ville d'Auch un ensemble de monuments dignes de sa future splendeur. C'est ainsi que l'on a décidé la construction d'un nouveau palais de justice, et qu'il a été *très heureusement* placé sur une promenade, à l'ouest du Cours Détigny, non loin d'un champ de foire. Une omnipotence absolue a présidé à cette décision prise sans contradiction, sans la moindre objection possible. Il est bien entendu que l'on n'a pas même consulté le tribunal d'Auch, auquel on destine ce palais... ce bâtiment neuf, aucun texte de loi, d'ordonnance ou de règlement ne prescrivant, d'ailleurs, de prendre son avis préalable.

Toutefois, dans la grandeur des embellissements *monumentaux* dont on pare, sous nos yeux étonnés, la ville d'Auch, il est un effet dont on s'est surtout préoccupé ; c'est la vue de l'escalier *monumental* dont la construction se poursuit en ce moment.

« Ce point de vue, porte un rapport officiel, peut être » comparé à ceux que l'on cite comme les plus remarqua- » bles en France.

» L'effet sera grandiose pour le spectateur placé dans la » plaine.

» Ce vaste escalier qui, des bords de la rivière, pénètre » au centre de la ville ; cette vieille tour *gothique!* la » cathédrale avec son admirable chevet démasqué ! les bal- » cons des terrasses et de la promenade ! les arbres ! les » jardins ! les eaux jaillissantes des fontaines ! tous ces » monuments vieux et modernes ayant chacun leur carac- » tère particulier ; l'eau ! la verdure ! la fraîcheur ! tout cet » ensemble si pittoresque et si agréable fixera tous les » regards..... et sollicitera les étrangers à s'arrêter et à se » fixer dans la cité !... »

Ce sont là assurément de fort belles choses célébrées en langage éloquent ! il ne reste plus qu'à faire des vœux pour que l'exécution réponde aux promesses et aux magnificences de ce rapport-programme.

Jusqu'à ce jour, je l'avoue, mon esprit n'a pas encore été frappé par la beauté et la grandeur de ce tableau ! J'ai seulement remarqué que, du haut de la future promenade de *la Chanoinie*, la vue s'étend sans gêne et sans obstacle sur la Maison départementale de secours et l'Asile d'aliénés d'Auch.

Là, dans cette maison, dans cet asile, de pieuses sœurs de la communauté des Filles de Marie, s'étaient dévouées, depuis longues années, au soulagement des misères humaines, des infirmes incurables, des aliénés, des délaissés de ce monde...... On vient de contraindre ces saintes femmes à quitter cet asile !

Là, dans cette maison, dans cet asile, une commission administrative composée des membres les plus honorables de la cité et en tête du premier vicaire-général du diocèse, avait pour mission d'exercer sur l'administration de cet établissement charitable une salutaire surveillance. Elle n'avait jamais failli à ce devoir accompli tous les jours avec abnégation, avec fermeté..... On a brusquement notifié, sans explication aucune, aux membres éminents de cette commission qu'ils étaient relevés de leurs fonctions !

Mais notre devoir est de tout dire et de proclamer qu'antérieurement, on avait voulu être officiellement renseigné. Une enquête, dont un procès correctionnel récemment jugé a révélé quelques détails intimes, confié à un fonctionnaire de l'ordre administratif, avait été faite sur l'administration intérieure et le personnel de la maison de secours. Et puis aussi, peu de jours auparavant, le Conseil général du Gers avait adressé de chaleureuses félicitations à M. le préfet de Gauville, *sur la volonté d'énergie et la promptitude d'action qu'il apporte à tous les actes de son administration.*

Je m'abstiens de toute controverse et surtout de toute réflexion sur des faits accomplis et des décisions prises dans les termes de la plus stricte légalité. On me permettra seulement de terminer par une citation de Plutarque et de l'adresser exclusivement à ceux de mes concitoyens dont les susceptibilités pourraient être éveillées par de consciencieux avis.

« *Quand nous voyons*, dit-il, *que nos amis font de lour-*
» *des fautes, il les faut réprimer et rembarrer, en disant*
» *librement leur vérité, pour les en garder de plus faillir.* »

Octobre 1861.

Typ. Bonnal et Gibrac, Toulouse.

www.ingramcontent.com/pod-product-compliance
Ingram Content Group UK Ltd.
Pitfield, Milton Keynes, MK11 3LW, UK
UKHW022205190726
13855UKWH00004B/1624